AF315350

LÉON BUISSON

LE ROI
DES TAMBOURINAIRES

LE VALMAJOUR DE NUMA-ROUMESTAN

RÉPONSE

A

ALPHONSE DAUDET

— PARIS —

PH. TOULZA, LIBRAIRE-ÉDITEUR, RUE CROZATIER, 20

1887

LE ROI DES TAMBOURINAIRES

LÉON BUISSON

LE ROI
DES TAMBOURINAIRES

LE VALMAJOUR DE NUMA-ROUMESTAN

RÉPONSE

A

ALPHONSE DAUDET

— PARIS —

PH. TOULZA, LIBRAIRE-ÉDITEUR, RUE CROZATIER, 20

1887

DRAGUIGNAN,

IMPRIMERIE OLIVIER ET ROUVIER, PLACE CLAUDE GAY, 4

LE ROI

DES TAMBOURINAIRES

Nous nous faisons un devoir de réhabiliter la mémoire de celui qui n'est plus, de celui que le génie avait touché de son aile d'airain en planant sur son front prédestiné.

Ce sera la tête haute, le regard paisible, la voix claire et vibrante, la main tendue vers une tombe et crispée sur cette feuille que nous tracerons la biographie de cet artiste dont la Provence se montrera toujours fière de compter au nombre de ses enfants.

Nous prouverons à Daudet que rien l'autorisait à faire du Roi des Tambourinaires le *Valmajour* quelque peu grotesque de *Numa-Roumestan*. Nous lui démontrerons qu'en sa qualité de félibre et d'enfant du pays ensoleillé, il aurait dû s'abstenir de ridiculiser un de ses compatriotes, et prévoir, qu'attiser sur lui le flambeau de la critique, c'était commettre une mauvaise action.

Nous avons les mains pleines d'autographes des hommes les plus éminents dans le monde de la littérature et des arts :

Théophile Gautier, Félicien David, ÉmileZola, Victorien Sardou, Frédéric Mistral, Théodore Aubanel, Maurice Faure, Jean Aicard, Léopold Dauphin, Charpentier, etc., ont manifesté maintes fois à notre compatriote leur sympathie et leur admiration.

Quelques extraits de leurs correspondances parleront plus éloquemment à nos lecteurs que notre plume.

Philippe Buisson, dit *Tistet*, forme une sorte d'incarnation de la Provence artistique ; c'était un Dracénois que la Muse Euterpe avait animé de son souffle divin.

Tout jeune, éperdument épris de son art, il s'était familiarisé avec plusieurs instruments, et il dirigea, non sans gloire, les musiques municipales d'Aups et des Arcs.

L'Idée de transformer le modeste galoubet de ses aïeux lui vint un soir d'été en voyant plein d'animation un bal champêtre.

L'orchestre des tambourinaires dominant la foule sur une estrade improvisée, faisait jaillir de ses accords, les sautillantes farandoles de Provence.

Nos campagnards sautaient, dansaient en rond sur le gazon verdoyant, à l'ombre des platanes.

S'ils étaient joyeux, le rythme était morose.

Notre virtuose s'éloigna souriant et pensif, une idée furtive spontanée, celle qui est innée chez l'artiste surgit en lui.

Il avait fait attentivement la lecture du livre de Vidal, intitulé : *Le Tambourin*.

Avant de franchir le seuil de sa demeure, il se munit d'un galoubet, et, à force de labeur et d'études, il parvint à combiner la gamme chromatique sur ce roseau percé de trois trous.

Ce fut une innovation merveilleuse : les airs si gais et si dansants de notre belle Provence vinrent vibrer purs et harmonieux sous ses doigts.

Le chant des oiseaux même fut imité, et Buisson atteignit le sentier de la gloire, par son galoubet.

Ceux qui l'ont suivi dans sa campagne félibréenne furent enthousiasmés en admirant cette auréole que la renommée faisait étinceler autour de son nom.

Comme l'abeille puise l'arôme des fleurs éparses dans les sentiers odorants, il puisait et distillait, lui aussi, sous les futaies et au fond des ravins, dans sa flûte primitive, les roulades du rossignol et les sifflets du merle.

On le rencontrait parfois errant dans nos collines. l'oreille au guet, se glissant furtivement dans les taillis, et là, assis sur un roc escarpé revêtu de mousse comme ses idées l'étaient d'espérance, il annotait le chant des oiseaux qui sautillaient sur sa tête.

Pendant la nuit, à la pâle clarté de la lampe, retiré dans la solitude du logis, il modulait sur son instrument les accents mélodieux qu'il avait ravis aux habitants des forêts, battant la mesure sur la table de sapin, où se trouvaient épars, les fragments de *Magali* et d'*Ouliveto* ces deux chefs-d'œuvre de l'harmonie Provençale, et parmi lesquels se glissaient les partitions du *Carnaval de*

Venise, qui nous faisaient bondir sur nos sièges lorsque son galoubet, nous lançait ses notes vibrantes accompagnées du ronflement sourd du tambourin.

Il ne se découragea pas, la réussite, cette fille de l'espoir, fermentait en sa pensée : il devint croyant, ranima son énergie par la constance, et, après bien des tracas et des ennuis, il parvint à surmonter les difficultés épineuses du galoubet.

Réfractaire à tout ce qui n'était pas son art, il enferma son cerveau dans cette idée fixe : aller à Paris et s'y produire.

Quand on causait de lui, son nom s'éclipsait vers l'horizon de la plaisanterie familière.

On l'avait surnommé *Tistet* ; il ne s'en fâcha jamais, se conformant à l'usage ridicule, il faut le dire, que l'on a en Provence de vous lancer une épithète qui finit peu à peu par faire disparaître le nom que l'on a reçu sur les fonts baptismaux.

Que signifie direz-vous ce sobriquet de *Tistet*, qui est venu s'attacher à son nom comme le flexible lierre s'attache au tronc vigoureux du chêne ?

Nous n'avons jamais pu en saisir ni le sens, ni la portée.

Ce fut pourtant sur les bancs du collège que ses camarades lui lancèrent ce surnom qui vint s'adapter au sien sous le burin aigu de la familiarité.

En cherchant la racine de *Tistet* nous trouvons que ce mot dérive de « forte tête ou de têtu » Sa tête en effet était relevée par un front large et saillant qu'encadrait une noire chevelure.

Tant qu'à être têtu, il l'était parfois, ayant son idée fixe pour la musique, il s'obstinait souvent à ne pas étudier ses leçons d'arithmétique, car il avait en horreur les chiffres de la finance ; il préférait ceux de l'harmonie.

Parfois dans ses courses vagabondes en ville, il s'arrêtait souvent en face de l'échoppe d'un savetier, où un pinson cadençait ses roulades plaintives en aspirant l'air fétide qui pénétrait dans sa cage.

Il écoutait, se retirait pensif, et se disait, répondant à sa pensée : — Ce n'est pas l'amour que tu chantes, pauvre oiseau, tes accents sont plaintifs, ils dénotent la tristesse, je cherche la gaîté de ta voix, il n'y a que la liberté qui la donne, pourtant la mélancolie que tu m'inspires me fera ajouter quelques notes en plus à mon galoubet.

Il y avait chez lui l'instinct de l'amitié, il la cherchait dans les sentiers arides de la société, comme le papillon cherche la gouttelette de rosée qui brille sur le pétale des fleurs dans les sentiers du ravin.

Il avait une manière d'agir qui lui était particulière, et ses idées s'envolaient dans la sphère de l'inconnu.

Il était bon, patient, enthousiaste, et cette phrase provençale qui est restée proverbiale dans le pays, lorsqu'il sollicitait le conseil d'un vieil ami, ou le sourire d'une jeune fille, est le relief de son cœur :

« *Que te demandi, ren qu'en paou d'amitié, pa maï.* »

Cet élan qui s'échappait de son âme pleine de tristesse et de crainte était un fluide qui électrisait les plus sceptiques.

Lors de son passage à Marseille les *Félibres de la Mar*

lui firent une réception enthousiaste et dans un superbe banquet organisé en sa faveur il fit entendre son chant du *Cygne.*

Cette *Félibrejado en l'ounour de Tistet Bouissoun lou flame tambourinaïre* réunissait autour de la table une cinquantaine de convives parmi lesquels : Reynier, le peintre, Léon Golzan, le musicien, Bistagne, Th. Aubanel, Vidal d'Aix, Joseph Mathieu, J.-B. Moulet, le poète des *Primevères ;* Huot, Marius Bourrelly, Astruc, Mazade, Tavan qui dit avec beaucoup de talent ses strophes amoureuses :

> L'estiou, quand à plougu
> Lou champ es ben plus bèu
> E lou ceü faï brilla maï
> Fres au gaï soulèu
> Son azur lava per li plueïo !

C'est à l'issue de cette fête que Marius Bourrelly sacra Buisson, roi des tambourinaires.

Nous détachons un couplet de la chanson qu'il lui dédia :

> Siès lou rèi dei Tambourinaïre
> E maneges lou galoubet
> Chi, chièu ! chi, chièu que souto tei det,
> Dirias, qu'es un merle siblaïre
> Qu'au boues largo de son siblet
> Leis er lei pu poulidet.

Ce ne fut qu'après avoir été mis hors concours dans plusieurs villes, que Philippe Buisson décida de se rendre à la capitale, muni de plusieurs lettres des félibres provençaux.

A Paris, sous les auspices de Mistral, il se présente aux Cigaliers qui le recommandent chaudement à tous leurs amis.

Ses représentations publiques, à l'*Alcazar* et au *Châtelet,* l'avaient rendu populaire et il suffit de lire les grands journaux de l'époque pour se convaincre que ses triomphes étaient mérités.

Donc la version de Daudet, qui nous le montre chez lui, pour la première fois, avec une lettre de Mistral d'une main et son tu-tu-pan-pan de l'autre, affirmant qu'il avait dû lui apprendre des airs provençaux qu'il ne connaissait pas, et que son répertoire ne comprenait que les *Pantins de Violette* comme couleur locale, est fausse, complètement fausse. Pour le prouver nous donnons la parole aux savants, aux poétes, aux amis de feu Buisson :

Pourtant le chantre de *Mireille* lui écrivait de Maillanne, pour le féliciter de ses succès :

« Battez de plus belle le tambourin harmonieux et « usez de moi pour tout ce qui pourra vous être utile. »

Maurice Faure, le secrétaire de la Cigale, après une soirée ou Félicien David avait présenté notre tambourinaire, lui adressa ces lignes :

« Vous êtes vraiment l'apôtre de la vieille musique « provençale, et j'applaudis, comme tous les bons « français du midi, à votre artistique propagande. »

« Tous les Cigaliers vous admirent et vous aiment. »

Emile Zola, sous l'influence de l'émotion qu'il avait éprouvée à l'entendre, lui envoyait ce témoignage d'amitié empreint de ce style coulant et sympathique dont sa plume a le secret :

« Vous n'avez jamais mieux joué qu'hier au *Châtelet :*
« vous êtes un maître, je vous écoutais, ravi, mais, bon
« Dieu ! que vous avez tort de vous adresser à ce public
« là. Vous êtes artiste, n'allez plus dans les foules.
« Ce qu'il vous faut, c'est un public d'élite ayant cons-
« cience de votre art.
« Mais je tenais à vous dire combien vous m'avez fait
« plaisir, vous êtes ma jeunesse, j'entendais toute la
« Provence rire dans votre instrument, et je me souvenais
« de certaines soirées tièdes. Il faisait froid, hier, la
« pluie menaçait. En fermant les yeux, je songeais à ces
« oiseaux qui gazouillent encore sous l'orage.
« Nous sommes trop sceptiques, il faut vous garder
« pour les croyants.
« Je regardais la salle pendant que vous rossignoliez
« sur votre galoubet, et il me semblait voir, lorsque le
« rythme s'accentuait, les visages s'éclaircir d'un de ces
« beaux rayons de soleil de Provence.
« Tentez les salons, les auditoires délicats quand il en
« sera temps, et je vous prédis un grand succès.
« Merci pour moi, et permettez-moi de vous serrer
« bien affectueusement la main. »

Lorsque Théophile Gautier fit représenter pour la pre-mière fois, chez l'éditeur Charpentier, le 11 mars 1872,

Pierre posthume, il voulut avoir le Roi des Tambourinaires
pour égayer cette soirée de quelques intermèdes.

Tistèt y fit merveille et gens de lettres, les journalistes
présents s'engouèrent de ce tambourin endiablé et de ce
troubadour de Provence qui transportait à Paris les éclats
de rire de la patrie du soleil.

Edouard Philippe fit son éloge dans la *Revue et Gazette
musicale* en rendant compte d'une soirée chez le docteur
Mandi ; M. Dufour, le directeur de la *Revue* voulut le
posséder une heure chez lui. Félicien David le produisit
dans ses soirées : William C. Bonaparte Wyse, lui facilita
l'entrée des salons de la société londonienne ; il joua même
à cette époque sur la scène de l'*Alhambra*, à Londres, et
y recueillit beaucoup d'applaudissements.

Les éloges lui arrivaient comme une pluie de mars.
L'*Illustration* donnait son portrait, et lui-même, grisé
par sa gloire, distribuait en Provence de nombreux exem-
plaires de sa photographie.

Buisson, le chantre du soleil, se servait du soleil pour
adresser à ses amis un souvenir de ses joyeuses aubades.

La photographie le représente dans l'action, galoubet
aux lèvres et baguette au poing.

Le grand félibre Frédéric Mistral, lui adressa à son
tour des éloges :

« J'ai lu avec un très grand plaisir les divers comptes·
« rendus de vos triomphes parisiens, et je vous ai accom-
« pagné de toutes mes sympathies provençales.

« J'ai vu votre portrait dans l'*Illustration*, et je vous
« envoie ma félicitation la plus vive pour l'honneur que
« vous faites à notre pays.

« Vous avez été dans cette campagne félibrique l'incar-
« nation la plus sincère et la plus brillante de la Provence,
« et votre magnifique tambourin, tout en ne faisant pas de
« concessions, ni de génuflexions, ni d'excuses, a su
« conquérir Paris par son originalité vibrante et éclatante.

« Mille applaudissements, et mille cordialités, comptez
« toujours sur moi. »

Les Cigaliers qui organisèrent en 1878 une solennité
méridionale au *Trocadéro* n'eurent garde d'oublier le
galoubet et le tambourin de *Tistet*, tous deux furent de
la fête.

Me trouvant en Amérique à l'époque de son triomphe à
Paris, j'avais lu dans les feuilles du Nouveau-Monde les
succès éclatants qu'il obtenait chaque jour dans les soirées
et concerts.

J'ignorais que ce fut à lui que s'adressaient ces éloges.

L'instinct me guida, et j'adressai une lettre au Roi des
Tambourinaires qui régnait en ce moment au *Châtelet*.

La réponse ne fut pas tardive, je la reçus par le retour
du courrier des Antilles.

« Cher Cousin,

« Oui, c'est moi qui, après avoir perdu mon père, notre
« fortune, ai eu la bonne inspiration d'étudier le galoubet,
« de chercher un moyen pour le marier à l'orchestre et de

« travailler, pendant dix années à cette innovation qui
« vient de me décider à entreprendre cette campague
« tambourinique qui a déjà eu de l'écho dans le monde
« entier et qui me fait espérer l'honneur de rossignoler
« de mon instrument dans toutes les capitales.

« Mes succès à Paris m'ont fait une certaine renom-
« mée. On m'a écrit de Londres pour un engagement
« pendant l'été, j'ai l'espérance de faire comme nos
« anciens troubadours, d'aller chanter partout les airs si
« gais et si dansants de notre belle Provence. »

Charmé de ses succès, et inspiré par les souvenirs du
pays natal je lui dédiai cette chanson :

LE ROI DES TAMBOURINAIRES

Dans la Provence nos paysannes
Ont le teint brun, les yeux de feu,
Et vont danser sous les platanes
En jupon court et en bas bleus.
Il Iaut les voir fraîches, alertes
Se réunir sur le gazon,
Et à l'ombre des feuilles vertes
Courir, sauter, danser en rond.

Au son des ga ;
Au son des lou ;
Au son des tam ;
Au son des bou ;
Des galoubets, des tambourins
Rossignolant nos gais refrains.

La note fraîche et triviale
Voltige et monte en gazouillant ;
Et de la flûte provençale
Elle s'échappe en frémissant.
Le tambourin marque le rythme
Tantôt plaintif, lent ou joyeux,
Et à ce bruit parfois sublime
Nos campagnards dansent heureux.

Au son des ga ;
Au son des lou ;
Au son des tam :
Au son des bou ;
Des galoubets, des tambourins
Rossignolant nos gais refrains.

Mais à Paris, Buisson débute
Et le public est ébahi ;
Du tambourin et de la flûte
Vieux instruments de son pays.
Perfectionné par sa constance,
Le galoubet brise ses liens,
Et nos beaux airs de la Provence
Viennent charmer les parisiens.

Au son du ga ;
Au son du lou ;
Au son du tam ;
Au son du bou ;
Du galoubet, du tambourin
Rossignolant un gai refrain.

Quelques mois plus tard, lorsqu'il eut la fatale idée de
quitter le public dilletanti pour le public cascadeur qui
n'est sensible qu'aux formes plus ou moins voluptueuses

des chanteuses, il me dépeignait ses vicissitudes, et j'entrevoyais déjà le découragement qui commençait à envahir son cœur.

Il fut même obligé de résilier un engagement et de traduire devant les tribunaux l'impresario de l'*Alcazar*, qui dirigeait en 1872 cet établissement.

C'est donc un méchant débiteur qui a fait la perte de Philippe Buisson.

Victorien Sardou lui-même intervint, sans succès, entre l'artiste et le directeur.

Depuis cette époque *Tistet* devint taciturne, méfiant, et n'osa plus se présenter dans les salons.

Malgré tous les efforts que firent les Cigaliers pour le retenir parmi eux, il quitta Paris.

Avant son départ, Jean Aicard, lui traçait ces lignes empreintes de son enthousiasme :

« Quelle joie vous m'avez faite l'autre soir, quel mer-
« veilleux effet vous obtenez de ce tambourin des aïeux,
« je suis un enthousiaste de votre instrument, et, tenu
« par vous, il achève de me ravir ! que j'en causerais
« volontiers avec l'artiste ! l'occasion n'est qu'ajournée. »

Rien ne le fit fléchir, il fut à Londres continuer sa campagne félibrique, mais le ciel brumeux du nord lui fit regretter le ciel ensoleillé du midi.

Atteint de Nostalgie, il revint au pays natal.

Cette carrière d'artiste qui, pour lui, hélas ! devait avoir tant de déceptions, dans laquelle sa raison devait sombrer comme sombre une frêle embarcation sur les récifs cachés au sein des flots, vint se heurter sur les mécomptes et on peut dire aussi sur l'écueil des privations.

Et lorsque en 1881, il voulut reprendre le chemin de la capitale et demander sa place au milieu des félibres, il échoua en route.

Les gais refrains de son galoubet et les éclats de rire du tambourin lui avaient, comme les sirènes antiques, caché l'écueil près duquel sa royauté allait sombrer.

Au commencement de sa fièvre morale nous le rencontrions nu-tête, penché vers le bassin de nos fontaines publiques, plongeant par intervalles ses mains crispées dans l'eau limpide qu'il injectait sur son front brûlant.

Il se relevait tout à coup, l'œil hagard, la tête haute, et secouait sa longue chevelure comme le lion secoue sa crinière sous les climats brûlants du désert.

Son cerveau affaibli ne pouvant plus contenir le trop plein de ses idées, était prêt à éclater dans sa cavité osseuse comme éclate une chaudière sous l'impulsion d'un trop plein de vapeur.

Parcourant nos rues, il s'arrêtait parfois triste et pensif devant la porte d'un ami, d'un camarade d'enfance, et franchissant le seuil, il venait s'asseoir à son foyer espérant sans doute y trouver le calme qu'il avait perdu.

Son esprit errant dans les brouillards de l'impossible, venait se reposer un instant sur le frêle rameau de la compassion, et il y retrouvait parfois l'énergie et

l'espérance, ces deux fleurs de la vie que les déceptions
avaient desséchées avant le temps.

Quel cruel sort, est réservé à notre artiste ! !

Philippe Buisson, Tistet, le Valmajour de Daudet, le
félibre du galoubet, le Roi des Tambourinaires entrait à
l'asile des aliénés à Saint-Pierre, à Marseille, au mois
d'avril 1882.

Lorsqu'il se vit enfermé dans un cabanon, soumis à la
torture des douches, privé de sa liberté et de ses chers
instruments, il devint furieux.

Après un mois de souffrances inouïes, dans cette lutte
du cerveau qui sombre et du corps qui se raidit, son génie
s'envola en emportant vers l'inconnu le secret de son art.
Les couronnes qui avaient ceint son front pendant son
triomphe, se sont en partie flétries et fanées sur la terre
qui recouvre à jamais les restes du Roi des Tambourinaires.

En souvenir du malheureux félibre, F. Giraud lui a
dédié une ode, dont voici la dernière strophe :

Dessus lei feuillo d'oouciprés
Que soun ben oou ped de sa toumbo,
Lei roussignou quand la nue toumbo
Venoun souven prendre lou fres.
Toutei se disoun estounas :

— Durme aqui souto, nouestre frero :,
Escouten sa plento dernièro
Canten en paou pu bas,
Que lou deveillan pas ! ! !

Je viens d'avoir un entretien avec ma tante octogénaire, la mère de *Tistet,* pour obtenir de nouveaux renseignements au sujet du départ du pauvre cousin pour Paris.

Les vieillards sont bizarres et ne sont pas toujours disposés à vous écouter et à vous complaire.

La coupe de la vie qui se vide peu à peu, et frémit en tremblant dans leurs mains crispées, comme les feuilles de cyprès qui doivent ombrager leurs tombes, est sans cesse tendue vers l'avenir qui doit la briser un jour.

Elle me dit en sanglotant : Pauvre enfant ! j'ai fait bien des sacrifices pour qu'il pût se présenter convenablement dans la capitale.

Ce ne fut qu'après avoir été mis hors concours dans plusieurs villes, notamment Aix, Arles, Pertuis, Grenoble, etc., qu'il se décida de se rendre à Paris, muni de lettres de recommandation de nos plus grands félibres.

Il partit, ajouta-t-elle, avec un millier de francs, une malle bien garnie, et son tambourin capitonné dans un étui.

Et, se relevant de son fauteuil vermoulu, elle s'est avancée, à pas lents, vers un placard dissimulé dans le mur.

Elle l'a ouvert :

« C'est mon oratoire, il renferme les reliques de mon « fils. »

Je fus émotionné, quelques vêtements que je reconnus y étaient suspendus, sous lesquels le tambourin, enveloppé d'un vieux châle comme d'un suaire, montrait ses flancs arrondis. Des cahiers de musique empilés sans ordre gisaient alentour, un violon, dont le chevalet n'était plus retenu que par une corde, recouvert d'une gaze jadis rose, reposait inerte sur le cercle du tambourin, comme repose à jamais l'artiste qui l'avait si souvent fait vibrer sous ses doigts.

Puis, ouvrant un large tiroir encombré de boîtes et d'écrins, elle m'en fit la description.

La première boîte qu'elle me montra renfermait le galoubet légendaire qui semblait attendre encore les lèvres de celui qui l'avait si longtemps caressé.

Dans d'autres, étaient enchâssées des couronnes de laurier en feuilles métalliques, et trois médailles d'honneur gagnées dans les concours.

Un écrin contenait une petite baguette en argent avec la boule en ivoire, et un petit galoubet du même métal orné d'un bec en ébène.

« C'est un souvenir des félibres, me dit-elle rayonnante. »

Mais cet étui, lui dis-je, dont la forme en pistolet gît en ce coin, que renferme-t-il?

« C'est un présent que je te léguerai un jour. »

Elle me le présenta, je l'ouvris.

Sur la soie moëlleuse je remarquai, imprimée en lettres dorées, cette inscription :

Leï Tambourinaïre à Tistet.

Une pipe Kümer y reposait sur un velours cramoisi. La tête représente un tambourin, et le tuyau un galoubet

avec bout d'ambre. C'est un petit chef-d'œuvre d'art, à
peine jauni par la nicotine.

. . . .

. . . .

Daudet a eu le mauvais goût d'écrire quelque part,
comment *Tistet* vint chercher fortune à Paris.

Voici ce qu'il raconte :

« Je le vois encore, tombant chez moi, à sept heures du
« matin, en hiver, un jour de brouillard, avec une lettre de
« Mistral dans une main et dans l'autre son tu-tu-pan-pan
« pour tout bagage.

« Il voulut bon gré mal gré, me montrer son savoir-
« faire et me donna aussitôt une aubade qui réveilla
« toute la maison.

« J'eus l'imprudence de lui promettre mon appui et
« depuis lors il s'installa à ma porte.

« Quand je sortais, il m'emboîtait le pas, il me suivait
« partout.

« Je m'occupai de lui, cherchant à le caser et n'y par-
« parvenant guère. A la fin cependant, je le fis débuter,
« non sans peine, et j'obtins pour lui quelques réclames
« dans les journaux, et quand, par hasard, on refusait
« d'insérer son éloge, il s'en prenait à moi et devenait
« féroce.

— « Eh ! bé, elle ne passe pas cette note, il est propre
« votre ami. »

« C'était un vrai cauchemar.

« Le plus drôle, c'est que j'avais dû lui apprendre

« moi-même des airs provençaux qu'il ne connaissait pas,
« les *Noëls de Saboly,* la *Marche de Turenne*

« Auparavant, il ne jouait que les *Pantins de Violette*
« comme couleur locale, c'était peu.

« Heureusement qu'un impresario étranger ne tarda
« pas à m'en débarrasser.

« Buisson partit pour l'Angleterre, l'Amérique, que
« sais-je? Pendant longtemps il m'envoya les journaux
« qui parlaient de lui, mais depuis la guerre j'ai perdu
« sa trace. »

C'est invraisemblable que *Tistet* se soit présenté un
matin chez Daudet avec la lettre de Mistral d'une main et
son tu-tu pan-pan de l'autre.

Le tambourin est un instrument que l'on ne glisse pas
sous son bras comme un violon, et puis il n'est pas possible que Buisson ait traversé le quartier tortueux des
Marais, vers les sept heures du matin, en hiver, un jour
de brouillard, ce qui aurait été préjudiciable aux fines
peaux de son volumineux instrument, pour venir comme
un malheureux Lazarone jouer une aubade dans la cour
de l'hôtel.

C'est une plaisanterie ou une méchanceté de la part de
l'auteur du *Nabab*.

Nous savons que Buisson n'était pas sans ressources
lorsqu'il arriva à Paris, il occupait à l'hôtel Trévise, dans
la rue du même nom, un appartement convenable pour
ses réceptions d'artiste.

Ce ne fut que plus tard qu'il se rendit rue Pavais, au
Marais, n° 24, pour donner une soirée.

Il ne réveilla pas en sursaut les habitants de la maison par ses aubades, ce ne fut pas un cauchemar qu'ils éprouvèrent, c'est un triomphe qu'ils firent à *Tistet*. Les lettres que nous publions plus loin le prouvent,

Ces jours derniers j'ai reçu la visite de C. B. un vieux tambourinaire du village de Tourtour, qui avait prit part à divers concours avec notre Dracénois.

Il me dit : nous n'osions plus nous présenter dans les fêtes locales, lorsque cet endiablé de *Tistet* montait sur l'estrade.

Nous obtînmes, non sans peine, de le faire mettre hors concours.

La naïveté avec laquelle ce rustique artiste me contait cela, me fit sourire.

Mais, lui dis-je, vous ignorez, sans doute, qu'en ce jour, celui que vous surnommiez votre Roi est ridiculisé chaque soir à l'*Odéon* sous le rôle *Valmajour*.

— « Que me dias... Qu'es aco?... Vou coumpreni pas. »

Et je lui relatai la scène des arènes d'Arles, et la soirée chez Numa.

Il en fut indigné, et sortant d'une poche intérieure de sa veste un portefeuille basané, il fouilla un instant parmi les papiers qui s'y trouvaient entassés, et il m'en remit un, lacéré par le temps.

— « Ligès, Moussu, » me dit-il, avec un air de satisfaction.

Je reconnus l'autographe de *Tistet*.

« Merci, chers amis, leur disait-il, loin de moi les

« rancunes, mais l'honneur que vous me faites en me
« privant de concourir à nos fêtes provençales me permet
« de vous dire que je suis glorieux du titre que l'on me
« donne. Je regrette vivement de ne pouvoir plus lutter
« avec vous tous. Mais comptez toujours sur moi pour
« vous initier sur mes études du galoubet. »

Ainsi, nous sommes fondés à croire que Buisson, ayant
été mis hors concours en ses excursions félibréennes,
devait connaître et jouer les farandoles et des aubades
plus harmonieuses que les *Pantins de Violette.*

Daudet, en ARISTOPHANISANT ainsi un homme de génie
dans son *Numa Roumestan*, emplit, chaque soir, la
caisse de l'*Odéon*, tandis que la mère de sa victime ruinée
vit dans la plus grande indigence !

Nous avons accueilli avec joie les marques chaleureuses
de sympathie que M. Antonin Palliès, rédacteur principal
du *Petit Provençal* a bien voulu nous témoigner en
publiant le 12 mars dernier, dans son journal, une chro-
nique biographique sur le roi des tambourinaires.

Nous le remercions sincèrement de nous avoir aidé
dans notre projet qui réhabilitera à jamais la mémoire et
le génie de Philippe Buisson, *le Roi des Tambourinaires.*

Nous terminerons cette description authentique par
cette pièce de vers provençale que F. Vidal, déclama le

jeudi 24 février 1881, au banquet offert par les félibres
de la Mer en l'honneur de *Tistet* :

> Dins l'art d'où galoubet sies lou mestre en Prouvenço
> Dempiei qu'as ta dei tiouno en ribo de Duranço !
> Qu'a Pertus, l'endeman de la vierge d'avoust ;
> Sies vengu de proun luen au galoi rendes-vous ;
> Tu qu'as tan enaussa, dins la bello journado
> La voues de toun fleitet mé la tambourinado,
> Doù coùp as conquista lou rang qu'èro proumes,
> Leissant Bouiè, Cirard, Canari, ei segound pies.
> D'aquèu triounffe, adonc venies faire ligueto
> En touei les enemi de nuestro musiqueto,
> D'abord qu'as ben sachu dins aqueste grand jour
> Agenta fiaremen la joïo d'un concours...
> Vai deis Aups à la mar, vai de Niço à Béu-caire
> Ensigna l'estrumen ei farot musicaire,
> E coumo tu plus tard, se van tambourina
> Ei concours, coumo tu se faran courouna !

Article signé : Paul Alexis, parus en 1872 dans un
grand journal de Paris.

UN TAMBOURINAIRE

> ..... la musiquette — du galou-
> bet, vive et folâtre — comme un
> friquet dans les hautes branches.
> Mistral MIREIO.

Un peu étrange pour nous, Parisiens, le mot « tambourinaire », n'est bien connu qu'en Provence, une région
ardente et ensoleillée qu'on pourrait appeler la Grèce de

la France, et qui se trouve loin de la Bourse, loin du bal de l'Opéra, à mille lieues de nos merveilles contemporaines.

Langoureusement couchée au bord des vagues bleues de la Méditerranée, grisée par les senteurs capiteuses de ses collines et par les caresses de feu de son soleil, elle semble tout à fait endormie, la bienheureuse contrée ; mais je la soupçonne de ne dormir que d'un œil. Gambetta ne manque pas d'aller y retremper, de temps en temps, sa verve méridionale. Cette terre est bien celle de tous les enthousiasmes, et je sens qu'à la célébrer, malgré moi je deviendrais lyrique...

Mon « tambourinaire » est un bon provençal. Avant d'apprécier l'artiste, étudions l'homme. Philippe Buisson est même un fruit qui a conservé toute la saveur du terroir. Il n'en pousse de semblables qu'aux bords du Var, de l'Argens ou de la Durance. Curieuse race d'ailleurs, et bien douée, et débordant de sève, que celle de ces beaux gars à moitié Italiens, grands parleurs dans leur idiome sonore et chantant, grands gesticulateurs, enfants passionnés et naïfs, presque tous musiciens, tous dilettanti. Taille généralement petite, teint brun et mat, yeux pleins de feu, chevelure noire et abondante. Puis ils vous ont souvent, avec cela, les profils de médaille antique. Ils restent sobres; leur beau climat ne les sollicitant pas à abuser d'excitants, ils ne se grisent qu'avec leur salive et leur imagination. Un défaut dominant leur vient aussi du climat : ils travaillent peu, seulement par boutades, se fiant trop à leur facilité. C'est que le rêve tue l'action ; et comment ne pas se laisser aller au rêve sous les enchantements d'un ciel toujours bleu, dans le printemps éternel d'une serre chaude d'oliviers et de lauriers-roses.

Donc, comme tout vrai Provençal, Philippe Buisson est né franc paresseux. Voici sa vie en quelques mots. Il ne fit d'abord rien. Son père, un bon et digne propriétaire de Draguignan, avait quelque fortune. Le fils sommeillait voluptueusement sur cet oreiller. Certain d'avoir un jour « de quoi vivre » pourquoi, n'est-ce-pas, perdre son temps à travailler? Tout jeune encore, il y a bien quinze ans de cela, Philippe Buisson vint passer dix-huit mois à Paris. Il gaspilla absolument ces dix-huit mois. Le pauvre garçon avait la nostalgie. Deux hivers sans soleil lui mirent du gris dans l'âme. Haussmann régnait alors, démolissant et rebâtissant. Au milieu de cette poussière de plâtre, et du vacarme des omnibus et de la fièvre des inconnus qui le coudoyaient sur le trottoir, Philippe Buisson, indifférent à toute la grande vie intense de notre capitale, ne fit que regretter son pays. Il lui arrivait, au milieu du boulevard, surtout les soirs de foule et de réjouissances publiques, de s'arrêter tout-à-coup, distrait, étourdi, fermant les yeux ; alors il croyait revoir les farandoles provençales, au son perçant du galoubet, serpentant sur le gazon, à l'ombre des platanes. Mais de retour dans sa chère Provence, l'incorrigible paresseux trouva son père complètement ruiné, et dut chercher un gagne-pain.

Il savait jouer du violon, même de la clarinette, du cornet à pistons, et de trois ou quatre autres instruments. D'amateur il devint artiste, et vécut de son archet, jouant au théâtre, dans les concerts, donnant des leçons. Au moyen-âge, il eut été troubadour, jouant ainsi de château en château, sous le balcon des haultes dames. Au dix-neuvième siècle, il dut se contenter de charmer l'oreille des bourgeois de sa petite ville, et de faire sauter la présidente du tribunal, la femme du receveur, et de démontrer le solfège aux petites filles de la préfète. D'ailleurs, honorable exécutant, en sachant bien assez pour ce métier, Philippe Buisson n'était pas encore un virtuose. Doué d'une admirable facilité, il devait tout à la nature. Provençal, il était né musicien, comme ils naissent tous dans ce pays. Mais paresseux, il n'avait jamais rien étudié à fond, pas même la musique. Heureusement qu'éclata enfin le fameux « coup de foudre » qui fait les grands artistes.

Ce fut tout simplement un livre qui décida de l'avenir de Buisson, un in-octavo que j'ai là sur ma table *Lou Tambourin*, par F. Vidal. C'est un historique de l'instrument national de la Provence, suivi d'une méthode musicale, et d'un choix des vieux airs du pays, le tout en langue provençale. Invinciblement attiré, Philippe Buisson se mit à déchiffrer ces airs sur les instruments que lui prêta un vieux tambourinaire de village. Je dis « les » instruments parce que le tambourinaire joue à la fois du Tambourin et du Galoubet. Sorte de tambour gracieux et léger, la caisse très allongée et d'un mince diamètre, le Tambourin est porté à peu près comme le tambour ordinaire ; celui qui en joue ne le bat que de la main droite, avec une petite baguette d'ébène terminée par une pomme d'ivoire. Et il ne reste au tambourinaire que la main gauche pour jouer du galoubet, petite flûte bien primitive et bien ancienne, longue à peine de vingt-cinq centimètres, percée de trois trous.

Au bout d'une semaine, notre Buisson en sut autant que le vieux ménétrier villageois. Mais il voulut obtenir davantage du Galoubet dont l'ingratitude et le peu d'étendue le désolèrent. A l'étroit dans l'intervalle de douzième que comporte l'instrument, Philippe Buisson voulut arriver à compléter les deux octaves. Et puis, jouer toujours en *ré*, c'était monotone et affreux, c'était rester banni de toute musique d'ensemble. Son tempérament provençal se passionna à l'idée d'arriver à la gamme chromatique. Allez, il est dur pour un artiste de devenir à la fois le Paganini et le Stradivarius de son instrument. L'art se trouve déjà hérissé d'innombrables épines auxquelles s'égratignent les plus héroïques. Mais avoir à vaincre son Galoubet lui-même; arrêté par une impossibilité matérielle, ne pas prononcer le mot qu'on a sur les lèvres, étouffer l'inspiration qu'on a dans le cœur ! Qu'était devenue la belle paresse de notre Provençal ?

Tout à son idée fixe qui, maintenant, le chassait du lit à l'aurore, et parfois au milieu de la nuit, Buisson a-t-il cherché pendant des années, et des années, a-t-il abimé des galoubets, ôtant du bois, augmentant les trous, amincissant la languette ! C'était presque cela ! Des tatonnements inouïs avaient amené la justesse de quelques notes. Puis une fente de l'épaisseur d'un cheveu se déclarait, et c'était à tout recommencer sur un autre instrument. Alors de jouer constamment « piu, piou, piu, » et de taper en même temps contre une vitre ou un meuble pour imiter l'accompagnement du tambourin. Les voisins fuyaient épouvantés, le croyant fou. Enfin, après des années, comme Archimède, notre chercheur « trouva », mais après avoir détraqué en vain cent cinquante galoubets.

·Dernièrement, au concert Besselièvre, nous l'avons entendu débuter. Le public était bien surpris par l'étrangeté de l'instrument nouveau, que les musiciens eux-mêmes de l'orchestre Littolf regardaient un peu de travers, tout en accompagnant. Mais les dilettanti de cette grande salle du Châtelet ont bien vite été sous le charme. Perfectionné par Philippe Buisson, le Galoubet se marie divinement à l'orchestre. Il se tient a une hauteur prodigieuse. Ces petites notes lestes et fraîches semblent avoir des ailes. On dirait un vol d'imperceptibles oiseaux se jouant sur les dernières branches d'un grand arbre. En Provence, dans les bals champêtres, on les entend à une lieue. Au Châtelet, elles semblaient se poursuivre contre les frises du plafond, tandis que le tambourin marquait le rythme, lent ou fou, de ses frémissements joyeux et passionnés. Puis, de temps en temps, le tambourin se taisait : alors, tandis que l'accompagnement des violons continuait à râler en sourdine sur la scène, plus aériens et plus stridents, les gazouillements de la flûte, provençale montaient toujours, montaient jusqu'au ciel, en pleine fraîcheur et en plein azur

PAUL ALEXIS.

C'ést principalement à nos amis, aux félibres et aux cigaliers que nous adressons cette esquisse biographique, si tardive en la mémoire de Philippe Buisson.

Notre tâche serait couronnée, si, un jour, l'ébauchoir ou le ciseau d'un artiste, inspiré par le génie de *Tistet* fouillait dans l'argile, ou taillait dans le marbre le buste du Roi des Tambourinaires en l'honneur de cet enfant de la belle Provence.

UNE POIGNÉE D'AUTOGRAPHES

Paris, 22 février 1872.

CHER MONSIEUR,

Il faut pourtant que je vous dise tout le plaisir que vous m'avez fait l'autre jour, au *Châtelet,* et hier encore à l'*Alcazar*. Vous êtes un maître, et je vous prédis un grand succès devant ce public parisien si impressionnable, fait pour comprendre toutes les délicatesses et toutes les originalités de l'art.

Hier je regardais la salle, pendant que votre instrument chantait, dans le ronflement sourd du tambourin, et il me semblait voir, lorsque le rythme s'accentuait, les visages s'éclaircir d'un de ces beaux rayons du soleil de Provence. Croyez-moi, soyez surtout provençal, chantez comme chantent vos cigales, chantez les chants si gais et si dansants de votre pays. C'est là qu'est le triomphe.

Je vais activer l'insertion de l'article de notre ami Paul Alexis. Cet article est très complet, nous avons aussi beaucoup causé de vous avec Roux, en sortant de l'*Alcazar*. Il faut absolument que la Provence resplendisse.

Mille fois merci de vos deux charmantes auditions, et veuillez me croire votre tout dévoué,

EMILE ZOLA.

Monsieur Buisson,

Voudriez-vous venir vous faire entendre chez un artiste de mes amis, demain soir mardi, à 9 heures, vous trouverez un accueil sympathique.

Votre tout dévoué,

Félicien David.

« Monsieur Bernier, 2, rue Nicot. »

Neuilly, 7 mars.

Cher Monsieur,

Puisque votre impresario vous fait des traits et que vos soirées sont libres momentanément, je mets tout de suite à profit votre bonne volonté seulement, vous n'aurez pas besoin de vous rendre à Neuilly. On joue chez un de mes amis, lundi prochain, 10 mars, quai du Louvre, 78, une petite pièce de moi — *Pierrot Posthume* — avec quelques intermèdes de chant et de déclamation. Vos airs de tambourin et de galoubet s'accorderaient à merveille dans cette représentation qui aura parmi ses spectateurs des journalistes et des gens de lettres en assez grand nombre. Le maître de la maison est M. Charpentier, éditeur bien connu. Venez avec vos instruments il est prévenu, je serai là vers les dix heures ; je vous présenterai. Il vous adressera de son coté une lettre d'invitation. Pardonnez-moi d'user si librement de vous, mais entre compatriotes il ne faut pas se gêner, et il sera plus avantageux pour votre réputation de vous faire entendre devant une société nombreuse et choisie que chez moi, dans la solitude lointaine de Neuilly.

Mille remerciments de votre complaisance.

THÉOPHILE GAUTIER.

Paris, le 10 mars 1872.

MONSIEUR,

M. Théophile Gautier me dit que vous voulez bien être assez aimable pour vous faire entendre dans la soirée que je donne demain lundi.

Je vous en fais mes remercîments et vous en suis très reconnaissant, je compte donc sur vous, Monsieur, et vous prie d'agréer, avec mes plus sincères compliments l'assurance de mon entier dévouement.

GEORGES CHARPENTIER.

Paris, 7 juin 1872.

CHER MONSIEUR BUISSON,

Vous n'avez jamais mieux joué qu'hier, je vous écoutais, ravi, mais, bon Dieu ! que vous avez tort de vous adresser à ce public là. Vous êtes artiste, n'allez plus dans les foules. Ce qu'il vous faut, c'est un public d'élite, ayant conscience de votre art. Il est fàcheux que la saison d'hiver soit finie, car vous auriez eu de grands succès dans les salons. L'année est mauvaise d'ailleurs, on est encore tout secoué par nos désastres.

Mais je tenais à vous dire combien vous m'avez fait plaisir. Vous êtes un peu ma jeunesse. J'entendais toute la Provence rire dans votre instrument, et je me souvenais de certaines soirées tièdes. Il faisait froid, hier, la pluie menaçait. En fermant les yeux, je songeais à ces oiseaux qui gazouillaient encore sous l'orage. Nous sommes trop sceptiques; il faut vous garder pour les croyants.

Tentez les salons, les auditoires délicats, quand il en sera temps, et je vous prédis un grand succès.

Merci pour moi, et permettez-moi de vous serrer bien affectueusement la main.

Emile Zola.

Bradford-An-Avon, le 3 juillet 1872.

Monsieur,

Je viens de recevoir votre note ainsi que celle de M. Mistral. Je ferai tout ce que je peux pour vous être agréable.

Agréez, Monsieur, l'assurance de mes sentiments distingués.

William Bonaparte Wyst.

Monsieur,

Si vous voulez, j'aurai le plaisir de vous entendre, jeudi prochain, à midi et demi, chez moi.

Recevez, Monsieur, l'assurance de mes sentiments dévoués.

Félicien David.

Mon brave Philippe,

J'ai pris une part bien cordiale à tous vos succès qui sont, en définitive, ceux de la muse provençale, et je vous suis de mes applaudissements. Allez toujours, battez de plus belle le tambourin harmonieux et usez de moi pour tout ce qui pourra vous être utile.

Bien à vous de cœur.

F. Mistral.

21 Avril 1872.

Paris, 25 juin 1878.

Monsieur,

J'ai soumis, hier, à la Commission de *la Cigale* chargée d'organiser une fête méridionale au Trocadéro la proposition que vous avez bien voulu m'adresser avec la meilleure des recommandations, celle de notre grand poète Frédéric Mistral.

La Commission, qui désire surtout mettre en lumière ce que la Provence a d'original et de pittoresque, ne pourrait oublier ni le galoubet ni le tambourin.

C'est vous dire, Monsieur, qu'elle a accueilli très favorablement vos offres de concours. En me priant de vous en informer, mes collègues me chargent de vous demander à quelle condition vous consentiriez à venir à Paris, lors des fêtes de *la Cigale*.

Ils désireraient également savoir si vous ne pourriez pas vous faire accompagner d'un certain nombre d'autres tambourinaires et, dans le cas de l'affirmative ils vous seraient reconnaissants de faire connaître le moyen de réaliser le concours de tambourins qui ne saurait manquer à une fête méridionale.

Veuillez agréer, Monsieur, l'expression de mes sentiments sympathiques.

Le Secrétaire de la Cigale,
MAURICE FAURE.

129, rue de Rennes.

Paris, le 12 février 1872.

CHER MONSIEUR,

Vous avez reçu, je pense, le journal où j'ai fait paraître la soirée du Dr Mandi, j'ai eu soin de réserver à votre instrument la plus large part.

M. Dufour, 4, rue Gramont, compte sur vous pour lundi prochain, 19, à 9 heures. On fera chercher votre instrument. Si vous aviez une autre soirée vous viendriez seulement une heure chez M. Dufour.

A vous.

E. Philippe.

Maillane (B.-D.-R.), 9 juin 1878.

Mon cher Buisson,

Il y aura, en effet, une fête provençale à l'exposition, et c'est la société parisienne *la Cigale* qui s'occupe de l'organiser ; vous devez avoir là, comme roi des tambourinaires, une place marquée.

Vous n'avez qu'à écrire à M. Maurice Faure, rue de Rennes, 129, à Paris, lequel est un des principaux organisateurs du festival vous ne pouvez être que bien accueilli. Pour ma part, je ne crois pas avoir le temps de faire ce beau voyage.

Mille cordialité.

F. Mistral.

Avignon, 13 septembre 1878.

Cher Félibre Tambourinaire,

Au retour d'un voyage dans les Alpes, je trouve votre lettre, et me hâte d'y répondre. Notre ami M. Maurice

Faure m'a écrit comme à vous, et je lui ai répondu que j'étais à sa disposition, et de vouloir bien m'indiquer le jour de la fête de *la Cigale*, lorsque ce jour serait fixé.

Vous voyez que je ne suis pas mieux renseigné que vous. Je crois seulement que cela aura lieu vers la fin octobre.

Aussitôt que je saurai quelque chose de précis j'aurai le plaisir de vous en informer.

Ci-inclus, mon cher Monsieur, une vieille chanson, puisse-t-elle vous être agréable ! Cet air que j'avais entendu à Venise, m'avait tenté, et j'ai écrit les paroles pour la musique, c'est une excuse.

Je vous serre cordialement la main et vous prie de me croire tout à vous de cœur et d'âme.

T. Aubanel.

Mercredi, 30 janvier.

Cher Monsieur,

Je tiens trop à vous être agréable pour ne pas me charger d'orchestrer moi-même les morceaux que vous allez jouer ou du moins essayer, samedi prochain, chez Besselièvre.

Ainsi donc, vite sans perdre de temps, apportez-moi les morceaux qu'il vous plaira de jouer.

J'aurai fini vendredi matin, et samedi toutes les parties pourront être copiées.

A vous.
Emile Peyrard.

Cher Monsieur Buisson,

Pardonnez-moi le retard que je mets à vous accuser réception et à vous remercier de votre envoi de musique provençale et de votre très aimable lettre. Je suis en ce moment accablé de besogne, et ne m'appartiens guère.

Cet été, pendant mes vacances, je songerai à vous, et vous enverrai les rythmes et les mélodies languedociennes que je vous ai promises.

Recevez mes bonnes amitiés et mes souhaits de nouvel an.

Quand nous rapporterez-vous un peu du soleil de Provence ?

Je vous serre la main.
Léopold Dauphin.

Paris, 13 novembre 1878.

Monsieur et cher Artiste,

Je n'ai vraiment pas de bonheur, je suis arrivé chez moi comme vous veniez d'y laisser votre carte et voilà que je quitte Paris après-demain pour trois semaines. Je crains de ne pas vous trouver à mon retour. Mais je désire vivement faire votre connaissance et si vous devez passer le mois de décembre à Paris je vous prie de vouloir bien m'en informer pour que j'aie le plaisir de vous voir dès mon retour.

Quelle joie vous m'avez faite l'autre soir ! quels merveilleux effets vous obtenez de ce tambourin des aïeux ! Je suis un enthousiaste de votre instrument et, tenu par vous, il achève de me ravir.

Que j'en causerai volontiers avec l'artiste. L'occasion j'espère, n'est qu'ajournée.

Croyez, je vous prie, à mes bons sentiments de cordialité.

JEAN AICARD.

16, rue des Saints-Pères.

Paris, 15 janvier 1881.

MON CHER FÉLIBRE,

Grand merci pour vos compliments de bonne année que votre carte de visite m'apporte.

J'apprends par le *Petit Marseillais* que vous êtes en route pour la capitale.

Je suis chargé par mes confrères de la société des félibres de Paris de vous dire combien nous serons heureux de vous souhaiter la bienvenue.

Venez me voir le matin de votre arrivée et croyez-moi,

Votre bien dévoué,
MAURICE FAURE.

Marseille, le 23 février 1881.

CHER MONSIEUR BUISSON,

Je suis désolé de ne m'être pas trouvé chez moi quand vous y êtes venu. Je suis sorti le matin pour veiller à notre menu de demain et aux préparatifs de notre *Félibrejado* donnée en votre honneur. Elle s'annonce à Marseille. Aubanel a écrit qu'il y serait, et un de vos amis, M. Andravy, nous a envoyé de superbes brochets, péchés par lui dans l'étang de la félibresse de la Crau pour vous régaler. Je viens d'écrire à Vidal, d'Aix pour qu'il vienne assister à votre triomphe, j'espère qu'il pourra se rendre à notre invitation.

A demain. Si vous avez besoin que l'on aille prendre votre tambourin ou toute autre chose, faites-moi tenir un petit mot demain matin.

Bien affectueusement à vous,

J. HUOT.

Maillane, 22 février 1881.

MON CHER ET VAILLANT TISTET,

Vous avez lu la dépêche du *Petit Marseillais* avec trop d'enthousiasme, je n'irai assister aux fêtes de Victor Hugo que par le cœur. Mes occupations m'absorbent,

m'enchaînent à Maillane, où je recevrai votre visite avec
le plus grand plaisir. En attendant buvez à ma santé avec
les gais confrère de la mer, et que Dieu vous garde !

Votre ami cordial,
F. Mistral.

Londres, le 17 avril 1872.

Cher Buisson,

Ainsi que je vous l'avais dit, je m'acquitterai de votre
petite affaire : je l'ai fait avec beaucoup d'empressement,
et je vous aurais répondu plus tôt si j'avais trouvé immé-
diatement mon homme, mais j'ai été obligé d'y retourner
plusieurs fois ce qui m'a fait retarder de vous écrire. Enfin, je l'ai vu aujourd'hui et je vous transmets ce soir sa
réponse que voici :

« Je ne puis m'engager en rien avec cet artiste que je
connais déjà de réputation, tout ce que je puis promettre,
ce serait de le faire entendre dans plusieurs établissements
de 1er ordre et selon le succès qu'il pourrait obtenir, alors
il pourrait être engagé très convenablement et si ces succès sont très grands on ne regarderait pas à quelques
livres de plus. »

C'est tout ce que j'ai pu faire pour vous, il ne faut pas
vous le dissimuler, tous les artistes à Londres, en sont
réduits à se faire entendre au préalable, et pour cela il

n'y a qu'une chose à tenter, c'est de traverser la Manche
et de venir ébouriffer Messieurs les Anglais et Mesdames
les Anglaises avec les sons de votre délicieux instrument.

Si vous vous décidez, je vous verrai avec le plus grand
plaisir et je ferai tout ce qui me sera possible pour vous
être agréable.

Votre tout dévoué compatriote,
J. Castellan.

Paris, le 9 mai 1879.

Monsieur,

Je vous envoie par la poste de ce jour le volume de
Mistral que vous m'avez demandé il y a déjà longtemps,
j'avais égaré votre lettre et ignorais votre adresse, c'est
ce qui explique ce retard bien involontaire. Aujourd'hui
je retrouve votre lettre et je me fais un plaisir de vous
envoyer l'ouvrage du poète. Je profite de l'occasion pour
vous renouveler mes remerciments du plaisir que vous
avez fait à tous mes amis et à moi en nous faisant entendre
votre galoubet et votre tambourin, et de la gracieuseté
que vous avez mise à venir à la maison ce soir là.

J'ai vu avec plaisir que vous aviez eu beaucoup de
succès à Monaco et peut-être vous reverra-t-on quelque
jour à Paris.

Recevez, Monsieur, l'assurance de mes sentiments
dévoués.

G. Charpentier.

TISTET BOUISSOUN

AIR : *Allons chasseur, vite en campagne.*

Anèn Bouissoun prèn ta masseto,
Bassèlo sus lou tambourin,
Pan, pan! pan, pan! bouto nous en trin,
Fai resclanti ta flahueto
De cant nouveu, de gai refrin
Enjusqu'à deman matin.

Siès lou rei dei tambourinaire
E manejes lou galoubet,
Chi, chièu, chi, chièu! que souto tei det
Dirias qu'es un merle siblaire
Qu'au bouès largo de soun siblet
Leis er lei pu poulidet.

Li a que lei terro de Provenço
Per coungria d'ome de toun péu;
Pan, pan! pan, pan! souto nouesto soulèu;
Li pousson pas per escassènço,
Sei rai leis espandisson léu
De mai en mai que pu léu.

Cassis, pescaire de sardino,
Soun legendari jugadou,
Pan, pan! pan, pan! s'en parlo pertout;
Mai Draguignan a la crespino.
Ilustraras en enjusqu'au bout
Toun noum e soun terradou.

La musico e la pouèsio
Es doues souerre que nous fan lum,
Lei èr, lei vers, tout acò fà qu'un ;
E se lei vers es d'ambrousio.
Leis er, d'aquèu dous trassegun,
Soun lou melicous perfum.

Tambourinaire e gai Félibre,
Bouèn prouvençau fan suaco ensèn ;
Cantèn, troubèn e felibrejèn,
Sus lei cansoun de nouestei libre
Faras d'er e lei mandaren
Subre leis alo dou vent.

Alin, ei pais de la brumo,
Souto lou cèu enmantela
Tistet, Bouissoun, as encigala
E chanja lei rai de sa luno
En rai de soulèu ; pivela
Lei gent de la man d'eila.

Ta masseto es ensourcelado
Enmasquè leis ome doù Nord,
Pan, pan ! pan, pan ! e li jité un sort
Pouderouso coumo uno fado
Sus d'elei mandé l'estrambord
E l'envanc à plen desbord.

Lei souèn, coumo de perlo fino
S'escapant de toun bel outis
Pan, pan ! pan, pan ! sont tount batedis,
Toumbavon coumo la plouvino,
Que Dièu passo dins soun tamis
Adant, de soun paradis.

De toun galoubet que cascaio
Coumo l'aigo lindo dei rièu
Chi, chièu! chi, chièu! dins lei nues d'estièu
La gamo per l'er s'esparpaio
E mounto de la terro ei nièu,
Nous trepanan fin qu'an vièu.

Vidau, noueste soci, dùèu estre
Urous fier d'un escoulan,
Pan, pan! pan, pan! que s'es fa tant grand;
Mai que se despasso lou mestre,
Umble e soumès coumo un enfant
S'empre lou tèn pèr la man.

Coumo la flour qu'es espandido
Au mitan de la pradarié,
Pan, pan! pan, pan! sus lou mounde entié
Aro qu'as manda tei sentido
Resto au mitan de tei parié
Que toun perfum enibrié.

MARIUS BOURRELLY.

Marsiho, lou 25 febrié 1881.

www.ingramcontent.com/pod-product-compliance
Ingram Content Group UK Ltd.
Pitfield, Milton Keynes, MK11 3LW, UK
UKHW031756170726
13836UKWH00003B/1006